Impressum
Verlag: BABADADA GmbH, Nedderfeld 112 , 22529 Hamburg
Geschäftsführer / Verlagsleitung: Harald Hof
Druck: Books on Demand GmbH, In de Tarpen 42, 22848 Norderstedt

Imprint
Publisher: BABADADA GmbH, Nedderfeld 112 , 22529 Hamburg, Germany
Managing Director / Publishing direction: Harald Hof
Print: Books on Demand GmbH, In de Tarpen 42, 22848 Norderstedt, Germany

1

shkolla

die Schule

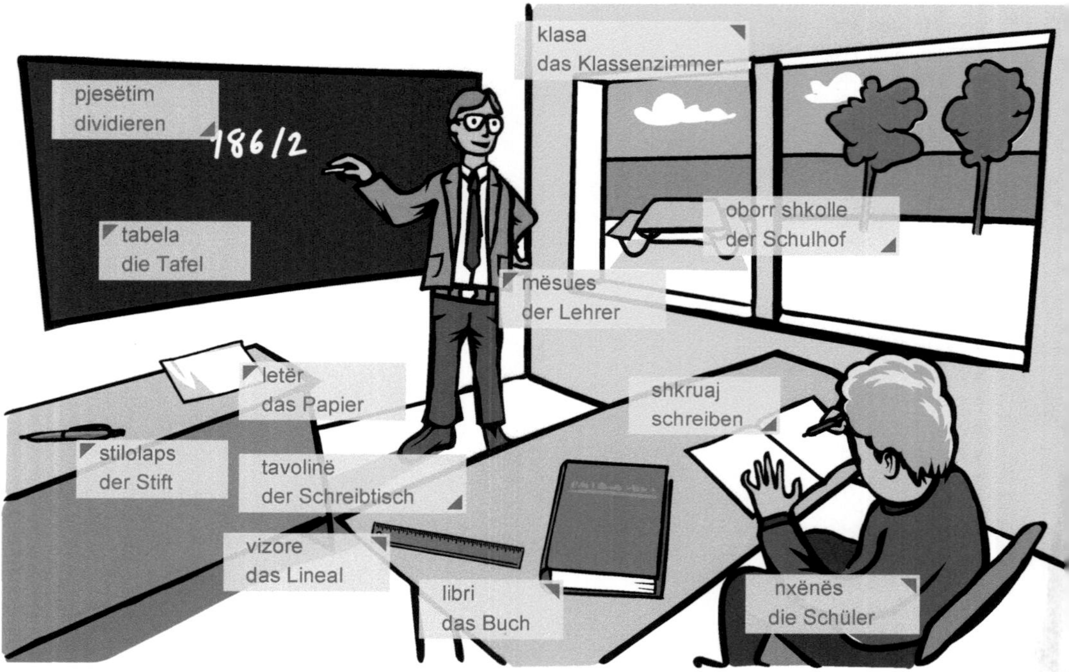

klasa
das Klassenzimmer
pjesëtim
dividieren
186/2
tabela
die Tafel
oborr shkolle
der Schulhof
mësues
der Lehrer
letër
das Papier
shkruaj
schreiben
stilolaps
der Stift
tavolinë
der Schreibtisch
vizore
das Lineal
libri
das Buch
nxënës
die Schüler

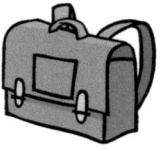

çantë

der Ranzen

mbajtëse lapsash

die Federmappe

laps

der Bleistift

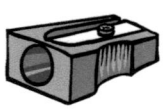

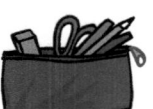

mprehës lapsash

der Bleistiftanspitzer

gomë

das Radiergummi

fletore vizatimi

der Zeichenblock

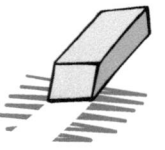

vizatim
die Zeichnung

penel
der Pinsel

kuti bojërash
der Malkasten

gërshërë
die Schere

ngjitës
der Klebstoff

fletore detyrash
das Übungsheft

detyrë shtëpie
die Hausaufgabe

12

numër
die Zahl

2+2

mbledh
addieren

5-2

zbres
subtrahieren

2×2

shumëzoj
multiplizieren

llogaris
rechnen

A

gërmë
der Buchstabe

ABCDEFG
HIJKLMN
OPQRSTU
VWXYZ

alfabeti
das Alphabet

hello

fjalë
das Wort

tekst
der Text

lexoj
lesen

shkumës
die Kreide

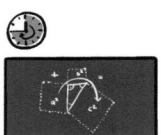

mësim
die Stunde

regjistër
das Klassenbuch

provim
die Prüfung

çertifikatë
das Zeugnis

uniformë shkolle
die Schuluniform

arsimim
die Ausbildung

enciklopedia
das Lexikon

universitet
die Universität

mikroskop
das Mikroskop

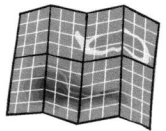

hartë
die Karte

kosh letrash
der Papierkorb

udhëtim

die Reise

hotel
das Hotel
Grand
bujtinë
die Herberge
ROOMS
pikë këmbimi valutor
die Wechselstube
valixhe
der Koffer
makinë
das Auto

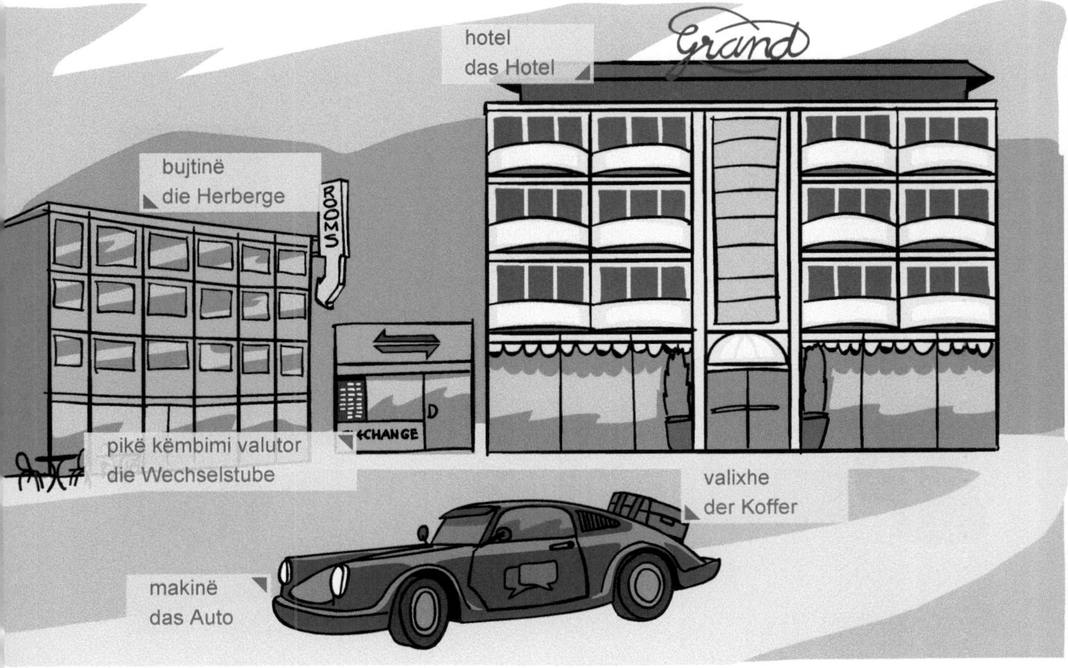

gjuhë

die Sprache

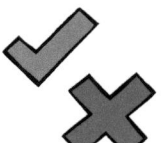

po / jo

ja / nein

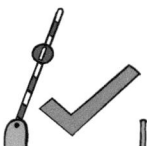

Në rregull

Okay

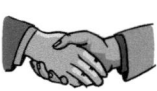

ç'kemi

Hallo

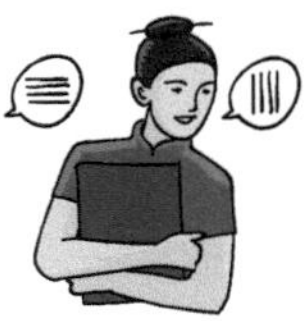

përkthyes

der Übersetzer

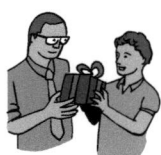

Faleminderit

Danke

sa kushton...?

Was kostet...?

nuk e kuptoj

Ich verstehe nicht

problem

das Problem

Mirëmbrëma!

Guten Abend!

Mirëmëngjes!

Guten Morgen!

Natën e mirë!

Gute Nacht!

mirupafshim

Auf Wiedersehen

drejtim

die Richtung

bagazhet

das Gepäck

çantë

die Tasche

çantë shpine

der Rucksack

mysafir

der Gast

dhomë

das Zimmer

thes gjumi

der Schlafsack

tendë

das Zelt

informacion për turistët

die Touristeninformation

plazh

der Strand

kartë krediti

die Kreditkarte

mëngjes

das Frühstück

drekë

das Mittagessen

darkë

das Abendessen

Biletë

die Fahrkarte

ashensor

der Fahrstuhl

pulla

die Briefmarke

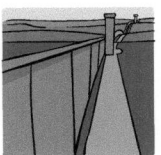

kufi

die Grenze

doganë

der Zoll

ambasadë

die Botschaft

vizë

das Visum

pasaportë

der Pass

transport
der Transport

aeroplan
das Flugzeug

anije
das Schiff

makinë zjarrfikëse
das Feuerwehrauto

autobus
der Bus

kamion
der Lastwagen

motoskaf
das Motorboot

biçikletë
das Fahrrad

makinë
das Auto

traget

die Fähre

varkë

das Boot

motoçikletë

das Motorrad

makinë policie

das Polizeiauto

makinë garash

das Rennauto

makinë me qira

der Mietwagen

ndarje e qirasë së makinës

das Carsharing

karroatrec

der Abschleppwagen

makinë plehrash

das Müllauto

motor

der Motor

benzinë

der Kraftstoff

pikë karburanti

die Tankstelle

sinjalistikë trafiku

das Verkehrsschild

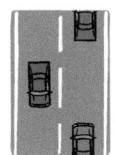

trafik

der Verkehr

bllokim trafiku

der Stau

parkim makinash

der Parkplatz

stacion treni

der Bahnhof

trase

die Schienen

tren

der Zug

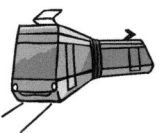

tramvaj

die Straßenbahn

karro

der Wagon

helikopter

der Helikopter

aeroport

der Flughafen

kullë

der Tower

pasagjer

der Passagier

kontenier

der Container

kuti kartoni

der Karton

qerre

der Karren

shportë

der Korb

ngrihem / ulem

starten / landen

qytet
die Stadt

fshat

das Dorf

qendra e qytetit

das Stadtzentrum

shtëpi

das Haus

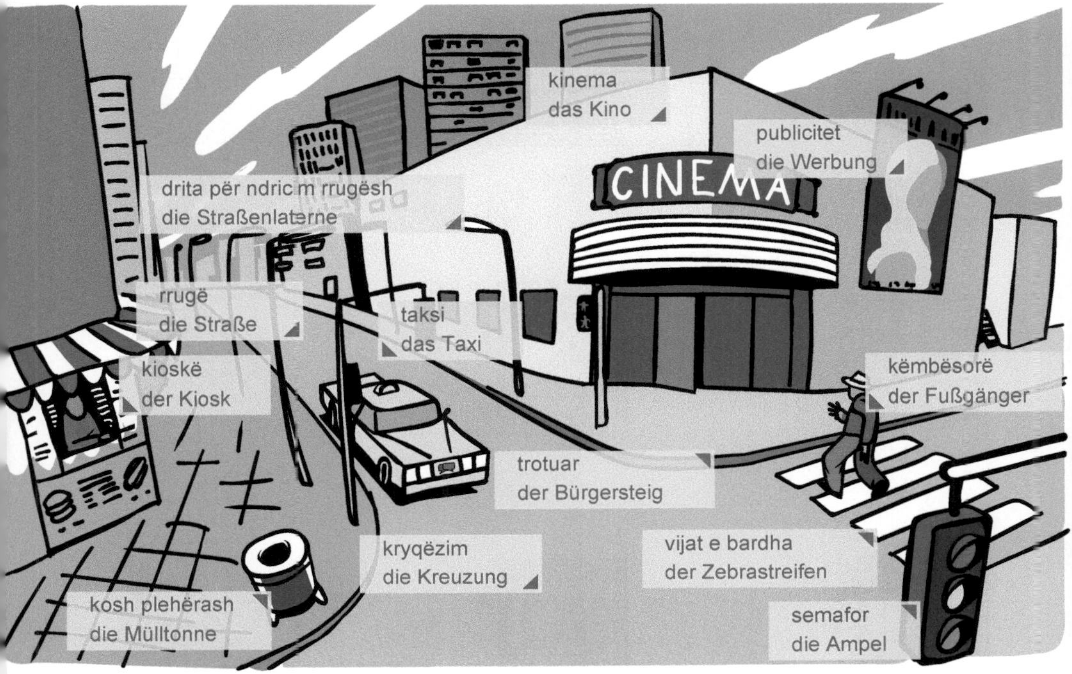

kinema
das Kino
publicitet
die Werbung
CINEMA
drita për ndriçim rrugësh
die Straßenlaterne
rrugë
die Straße
taksi
das Taxi
kioskë
der Kiosk
këmbësorë
der Fußgänger
trotuar
der Bürgersteig
kryqëzim
die Kreuzung
vijat e bardha
der Zebrastreifen
kosh plehërash
die Mülltonne
semafor
die Ampel

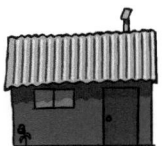

kasolle

die Hütte

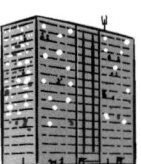

apartament

die Wohnung

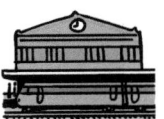

stacion treni

der Bahnhof

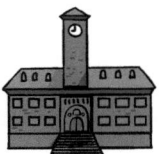

bashki

das Rathaus

MUSEUM

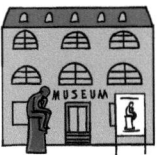

muze

das Museum

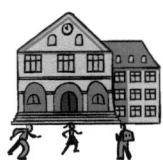

shkolla

die Schule

universitet

die Universität

bankë

die Bank

spital

das Krankenhaus

hotel

das Hotel

farmaci

die Apotheke

zyrë

das Büro

librari

die Buchhandlung

dyqan

das Geschäft

dyqan lulesh

der Blumenladen

supermarket

der Supermarkt

market

der Markt

mapo

das Kaufhaus

dyqan peshku

der Fischhändler

qëndër tregtare

das Einkaufszentrum

port

der Hafen

park
der Park

stol
die Bank

urë
die Brücke

shkallë
die Treppe

metro
die U-Bahn

tunel
der Tunnel

stacion autobuzi
die Bushaltestelle

bar
die Bar

restorant
das Restaurant

kuti postare
der Briefkasten

sinjalistikë rrugore
das Straßenschild

kohëmatës parkimi
die Parkuhr

kopsht zoologjik
der Zoo

pishinë
die Badeanstalt

xhami
die Moschee

fermë
der Bauernhof

ndotje
die Umweltverschmutzung

varrezë
der Friedhof

kishë
die Kirche

shesh lojërash
der Spielplatz

tempull
der Tempel

peisazh
die Landschaft

gjethe
das Blatt

tabela orientuese
der Wegweiser

rrugë
der Weg

livadh
die Wiese

gurë
der Stein

ekskursionist
der Wanderer

pemë
der Baum

lumë
der Fluss

bar
das Gras

lule
die Blume

luginë

das Tal

kodër

der Berg

liqen

der See

pyll

der Wald

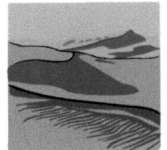

shkretëtirë

die Wüste

vullkan

der Vulkan

kështjellë

das Schloss

ylber

der Regenbogen

kepudhë

der Pilz

palmë

die Palme

mushkonjë

der Moskito

mizë

die Fliege

milingonë

die Ameise

bletë

die Biene

merimangë

die Spinne

brumbull

der Käfer

bretkosë

der Frosch

ketër

das Eichhörnchen

iriq

der Igel

lepur

der Hase

buf

die Eule

zog

die Vogel

mjellmë

der Schwan

derr i egër

das Wildschwein

dre

der Hirsch

dre brilopatë

der Elch

digë

der Staudamm

turbinë ere

das Windrad

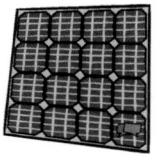

panel diellor

das Solarmodul

klimë

das Klima

kamarier
der Kellner

menu
die Speisekarte

karrige
der Stuhl

supë
die Suppe

pica
die Pizza

set ngrënieje
das Besteck

mbulesë tavoline
die Tischdecke

pjatë e parë

die Vorspeise

pjatë kryesore

das Hauptgericht

ëmbëlsirë

die Nachspeise

pije

die Getränke

ushqim

das Essen

shishe

die Flasche

ushqim i shpejtë

das Fastfood

ushqim i shërbyer në rrugë

das Streetfood

ibrik çaji

die Teekanne

kuti sheqeri

die Zuckerdose

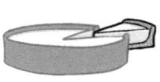

racion

die Portion

makinë kafeje ekspres

die Espressomaschine

karrige e lartë

der Hochstuhl

faturë

die Rechnung

tabaka

das Tablett

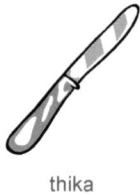

thika

das Messer

pirun

die Gabel

lugë

der Löffel

lugë çaji

der Teelöffel

pecetë

die Serviette

gotë

das Glas

restorant - das Restaurant

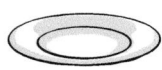

pjatë

der Teller

pjatë supe

der Suppenteller

pjatë filxhani

die Untertasse

salcë

die Sauce

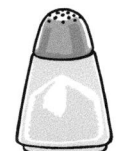

mbajtëse kripe

der Salzstreuer

mulli piperi

die Pfeffermühle

uthull

der Essig

vaj

das Öl

erëza

die Gewürze

keçap

das Ketchup

mustardë

der Senf

majonezë

die Mayonnaise

supermarket

der Supermarkt

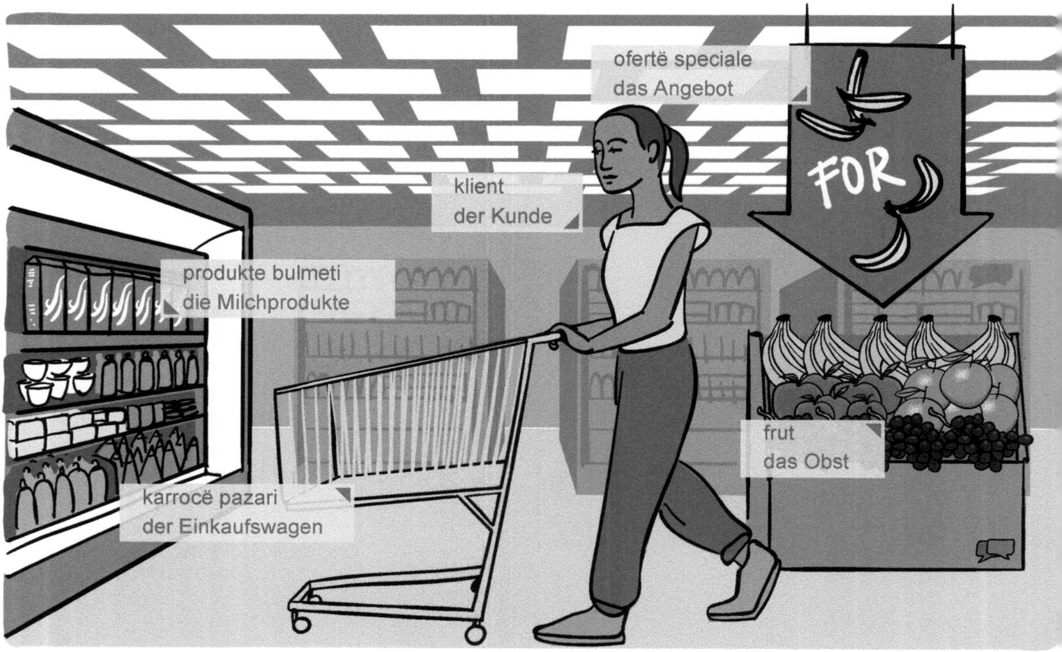

ofertë speciale
das Angebot
FOR
klient
der Kunde
produkte bulmeti
die Milchprodukte
frut
das Obst
karrocë pazari
der Einkaufswagen

BUTCHERS

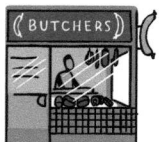

dyqan mishi

die Schlachterei

BAKERY

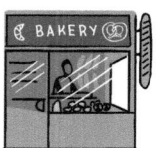

furrë buke

die Bäckerei

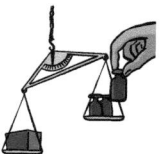

peshoj

wiegen

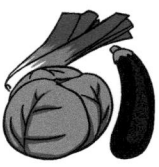

perime

das Gemüse

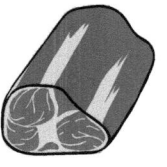

mish

das Fleisch

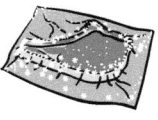

ushqim i ngrirë

die Tiefkühlkost

copë
....
der Aufschnitt

ushqim i konservuar
....
die Konserven

pluhur larës
....
das Waschmittel

ëmbëlsirat
....
die Süßigkeiten

prodhime shtëpie
....
die Haushaltsartikel

produkte pastrimi
....
das Reinigungsmittel

shitëse
....
die Verkäuferin

kasë fiskale
....
die Kasse

arkëtar
....
der Kassierer

listë blerjeje
....
die Einkaufsliste

oraret e punës
....
die Öffnungszeiten

portofol
....
die Brieftasche

kartë krediti
....
die Kreditkarte

çantë
....
die Tasche

qese plastike
....
die Plastiktüte

ujë
....
das Wasser

lëng frutash
....
der Saft

qumësht
....
die Milch

koka-kola
....
die Cola

verë
....
der Wein

birrë
....
das Bier

alkool
....
der Alkohol

kakao
....
der Kakao

çaj
....
der Tee

kafe
....
der Kaffee

kafe ekspres
....
der Espresso

kapuçino
....
der Cappuccino

banane

die Banane

mollë

der Apfel

portokalle

die Orange

pjepër

die Melone

limon

die Zitrone

karrotë

die Karotte

hudhër

der Knoblauch

bambu

der Bambus

qepë

die Zwiebel

kërpudha

der Pilz

arra

die Nüsse

makarona

die Nudeln

spageti

die Spaghetti

oriz

der Reis

sallatë

der Salat

patate të skuqura

die Pommes frites

patate të skuqura

die Bratkartoffeln

pica

die Pizza

hamburger

der Hamburger

sanduiç

das Sandwich

shnicel

das Schnitzel

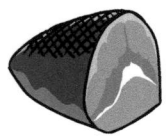

proshutë

der Schinken

sallam

die Salami

salçiçe

die Wurst

pulë

das Huhn

skuq

der Braten

peshk

der Fisch

tërshërë

die Haferflocken

drithëra

das Müsli

kornfleiks

die Cornflakes

miell

das Mehl

kruasant

das Croissant

panine

das Brötchen

bukë

das Brot

tost

der Toast

biskotë

die Kekse

gjalp

die Butter

gjizë

der Quark

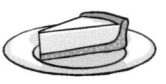

tortë

der Kuchen

vezë

das Ei

vezë sy

das Spiegelei

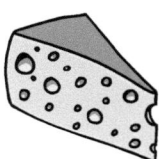

djathë

der Käse

akullore

die Eiscreme

sheqer

der Zucker

mjaltë

der Honig

marmaladë

die Marmelade

çokokrem

die Nougat-Creme

këri

das Curry

ushqim - das Essen

fermë
der Bauernhof

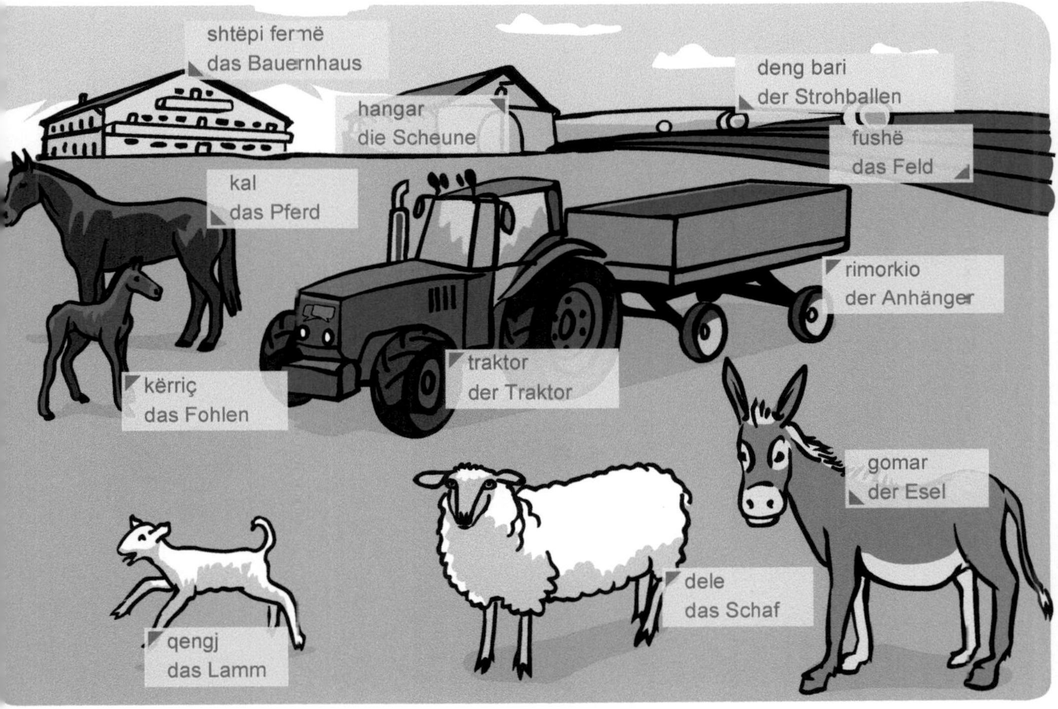

shtëpi fermë
das Bauernhaus
hangar
die Scheune
deng bari
der Strohballen
fushë
das Feld
kal
das Pferd
rimorkio
der Anhänger
traktor
der Traktor
kërriç
das Fohlen
gomar
der Esel
dele
das Schaf
qengj
das Lamm

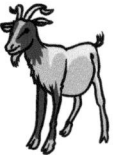

dhi
die Ziege

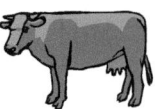

lopë
die Kuh

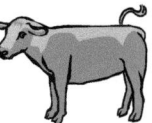

viç
das Kalb

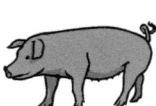

derr
das Schwein

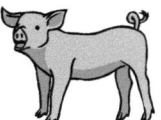

derrkuc
das Ferkel

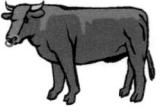

dem
der Bulle

patë

die Gans

rosë

die Ente

zog pule

das Küken

pulë

das Huhn

gjel

der Hahn

mi

die Ratte

mace

die Katze

mi

die Maus

buall

der Ochse

qen

der Hund

kolibe qeni

die Hundehütte

zorrë vaditëse

der Gartenschlauch

vaditëse

die Gießkanne

kosë

die Sense

plug

der Pflug

drapër

die Sichel

shat

die Hacke

kosa

die Mistgabel

sëpatë

die Axt

karrocë

die Schubkarre

govatë

der Trog

bidon qumështi

die Milchkanne

thes

der Sack

gardh

der Zaun

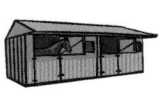

ahur

der Stall

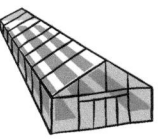

serë

das Treibhaus

dhe

der Boden

farë

die Saat

pleh

der Dünger

autokombanjë

der Mähdrescher

korr
....
ernten

te korrat
....
die Ernte

patate e ëmbël "Yam"
....
die Yamswurzel

grurë
....
der Weizen

soja
....
das Soja

patate
....
die Kartoffel

misër
....
der Mais

raps
....
der Raps

pemë frutore
....
der Obstbaum

zhardhok manioku
....
der Maniok

drithëra
....
das Getreide

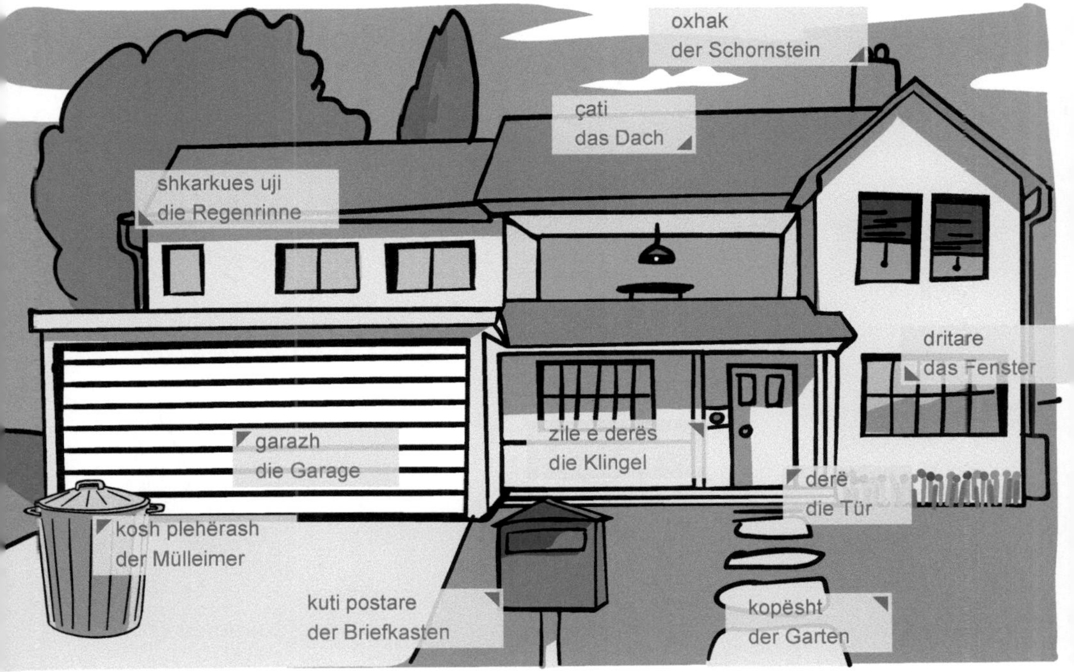

oxhak
der Schornstein

çati
das Dach

shkarkues uji
die Regenrinne

dritare
das Fenster

garazh
die Garage

zile e derës
die Klingel

derë
die Tür

kosh plehërash
der Mülleimer

kuti postare
der Briefkasten

kopësht
der Garten

dhomë ndenjeje

das Wohnzimmer

tualet

das Badezimmer

kuzhinë

die Küche

dhomë gjumi

das Schlafzimmer

dhomë fëmijësh

das Kinderzimmer

dhomë ngrënieje

das Esszimmer

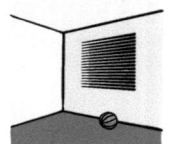

dysheme

der Boden

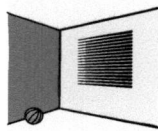

mur

die Wand

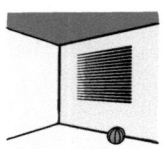

tavan

die Decke

bodrum

der Keller

sauna

die Sauna

ballkon

der Balkon

tarracë

die Terrasse

pishinë

das Schwimmbad

kositëse bari

der Rasenmäher

çarçaf

der Bettbezug

kuvertë

die Bettdecke

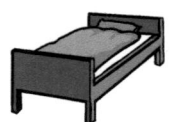

krevat

das Bett

fshesë dore

der Besen

kovë

der Eimer

çelës

der Schalter

dhomë ndenjeje

das Wohnzimmer

tapiceri
die Tapete
fotografi
das Bild
llambë
die Lampe
raft
das Regal
dollap
der Schrank
pajisje televizive
der Fernseher
vatër
der Kamin
lule
die Blume
jastëk
das Kissen
divan
das Sofa
vazo
die Vase
telekomandë
die Fernbedienung

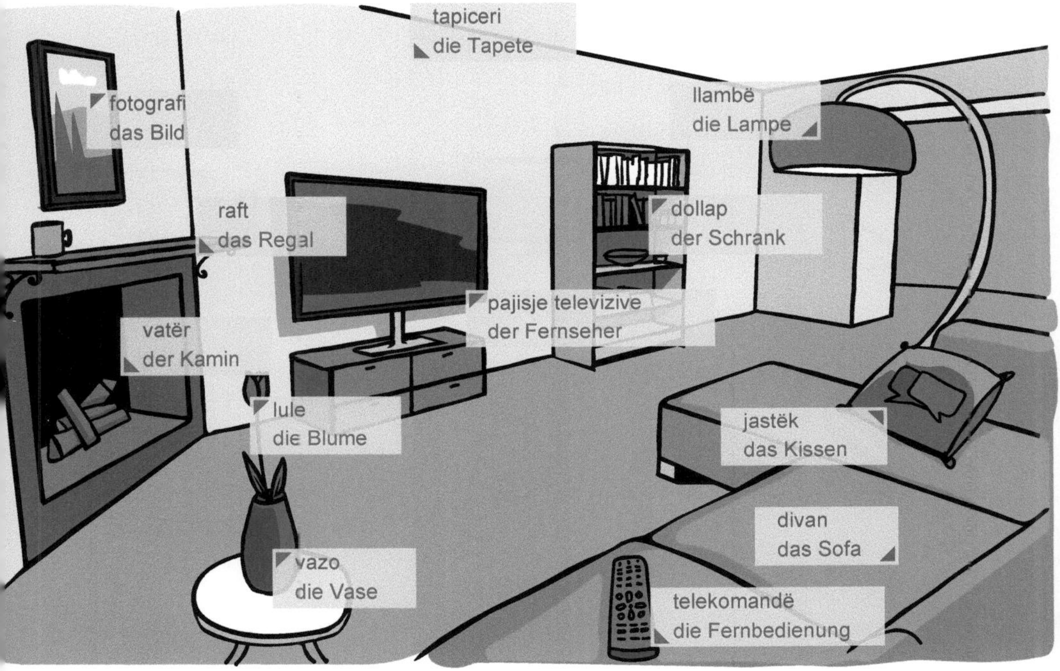

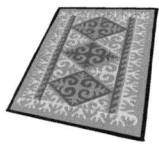

qilim
....
der Teppich

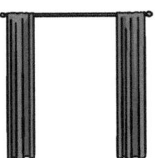

perde
....
der Vorhang

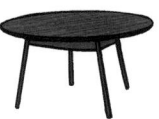

tavolinë
....
der Tisch

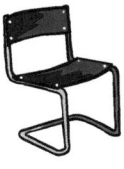

karrige
....
der Stuhl

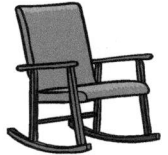

karrige lëkundëse
....
der Schaukelstuhl

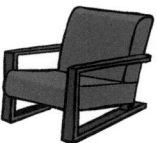

kolltuk
....
der Sessel

libri

das Buch

batanije

die Decke

zbukurime

die Dekoration

dru zjarri

das Feuerholz

film

der Film

stereo

die Stereoanlage

çelës

der Schlüssel

gazetë

die Zeitung

pikturë

das Gemälde

afishe

das Poster

radio

das Radio

bllok shënimesh

der Notizblock

fshesë me korent

der Staubsauger

kaktus

der Kaktus

qiri

die Kerze

kuzhinë
die Küche

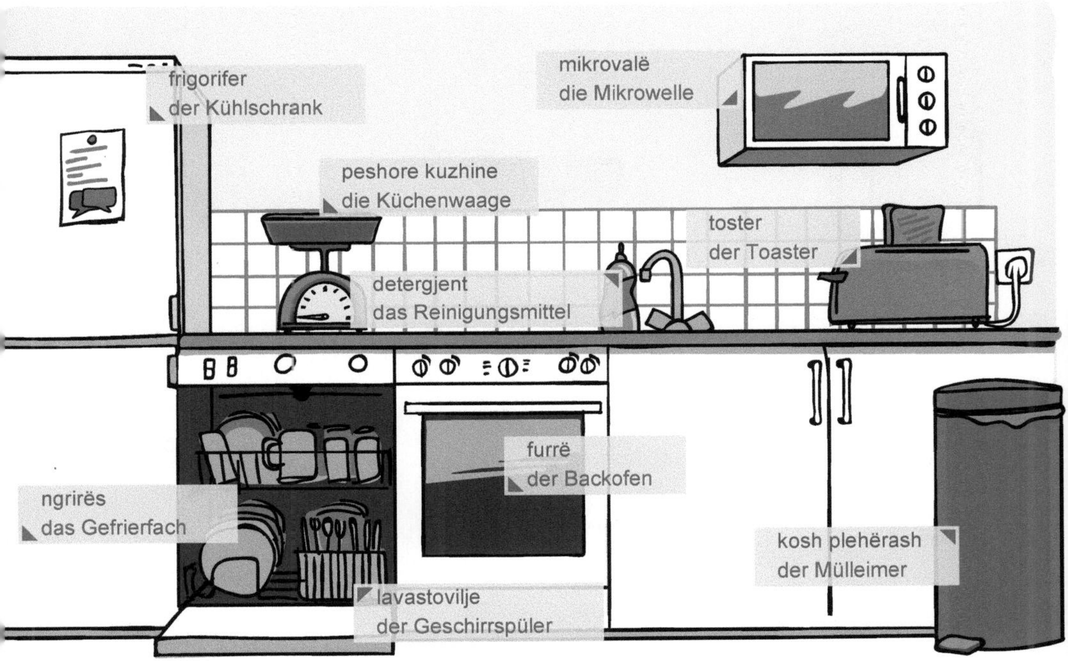

frigorifer
der Kühlschrank
mikrovalë
die Mikrowelle
peshore kuzhine
die Küchenwaage
toster
der Toaster
detergjent
das Reinigungsmittel
furrë
der Backofen
ngrirës
das Gefrierfach
kosh plehërash
der Mülleimer
lavastovilje
der Geschirrspüler

sobë

der Herd

tenxhere

der Topf

tenxhere me kapak

der Eisentopf

tigan special (Wok)

der Wok / Kadai

tigan

die Pfanne

çajnik

der Wasserkocher

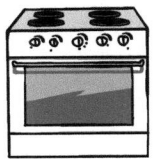

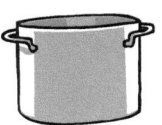

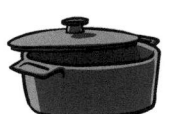

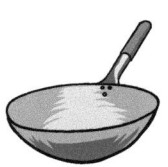

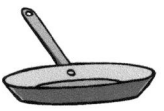

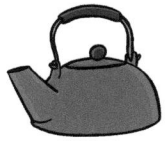

tenxhere me avull
....
der Dampfgarer

tavë pjekjeje
....
das Backblech

enë
....
das Geschirr

filxhan
....
der Becher

tas
....
die Schale

shkopinj
....
die Essstäbchen

garuzhde
....
die Suppenkelle

spatul
....
der Pfannenwender

tel kuzhine
....
der Schneebesen

kulluese
....
das Kochsieb

sitë
....
das Sieb

rende
....
die Reibe

havan
....
der Mörser

skarë
....
der Grill

zjarr
....
die Feuerstelle

dërrasë për prerje

das Schneidebrett

okllai

das Nudelholz

heqëse tapash

der Korkenzieher

kanaçe

die Dose

hapëse kanaçeje

der Dosenöffner

rrobë për të kapur
tenxheren
der Topflappen

lavaman

das Waschbecken

furçë

die Bürste

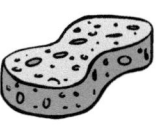

sfungjer

der Schwamm

përzjerës

der Mixer

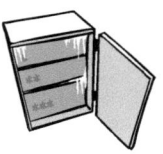

ngrirës

die Gefriertruhe

biberon për lëngje

die Babyflasche

rubinet

der Wasserhahn

kuzhinë - die Küche

tualet

das Badezimmer

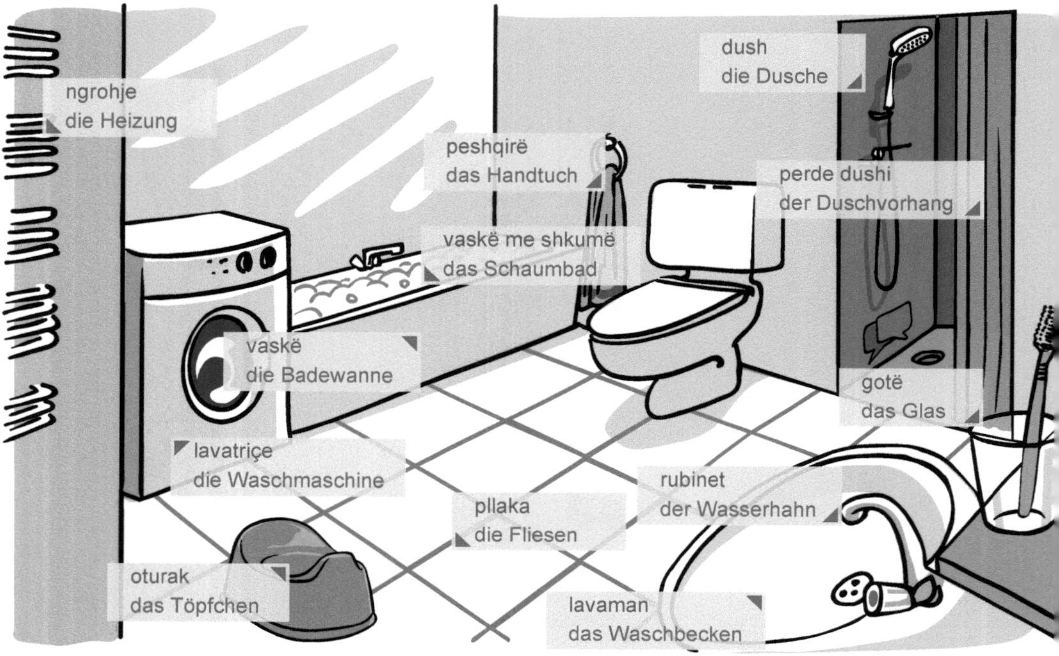
dush
die Dusche
ngrohje
die Heizung
peshqirë
das Handtuch
perde dushi
der Duschvorhang
vaskë me shkumë
das Schaumbad
vaskë
die Badewanne
gotë
das Glas
lavatriçe
die Waschmaschine
rubinet
der Wasserhahn
pllaka
die Fliesen
oturak
das Töpfchen
lavaman
das Waschbecken

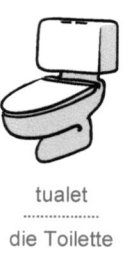

tualet

die Toilette

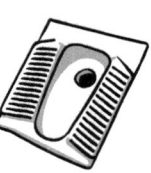

WC e sheshtë

die Hocktoilette

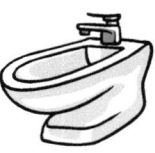

bide

das Bidet

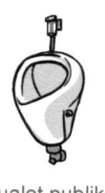

tualet publik

das Pissoir

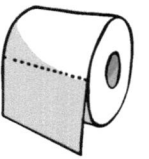

letër higjienike

das Toilettenpapier

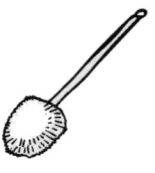

furçe për WC

die Toilettenbürste

furçë dhëmbësh

die Zahnbürste

pastë dhëmbësh

die Zahnpasta

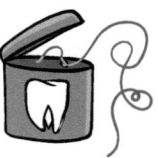

fije dentare

die Zahnseide

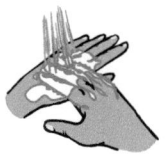

laj

waschen

dorezë dushi

die Handbrause

larës për zonën intime

die Intimdusche

legen

die Waschschüssel

furçë për masazh shpine

die Rückenbürste

sapun

die Seife

shampo trupi

das Duschgel

shampo

das Shampoo

leckë pastruese

der Waschlappen

kullues

der Abfluss

krem

die Creme

antidjersë

das Deodorant

pasqyrë

der Spiegel

pasqyrë dore

der Kosmetikspiegel

brisk rroje

der Rasierer

shkumë rroje

der Rasierschaum

locion pas rrojes

das Rasierwasser

krehër

der Kamm

furçë

die Bürste

tharëse flokësh

der Föhn

llak për flokët

das Haarspray

grim

das Makeup

buzëkuq

der Lippenstift

manikyr

der Nagellack

mbushje pambuku

die Watte

gërshërë për thonj

die Nagelschere

parfum

das Parfum

çantë për sendet personale

der Kulturbeutel

Stol

der Hocker

peshore

die Waage

robëdëshambër

der Bademantel

dorashka gome

die Gummihandschuhe

tampon

das Tampon

peceta higjienike

die Damenbinde

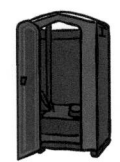

tualet I lëvizshëm

die Chemietoilette

dhomë fëmijësh
das Kinderzimmer

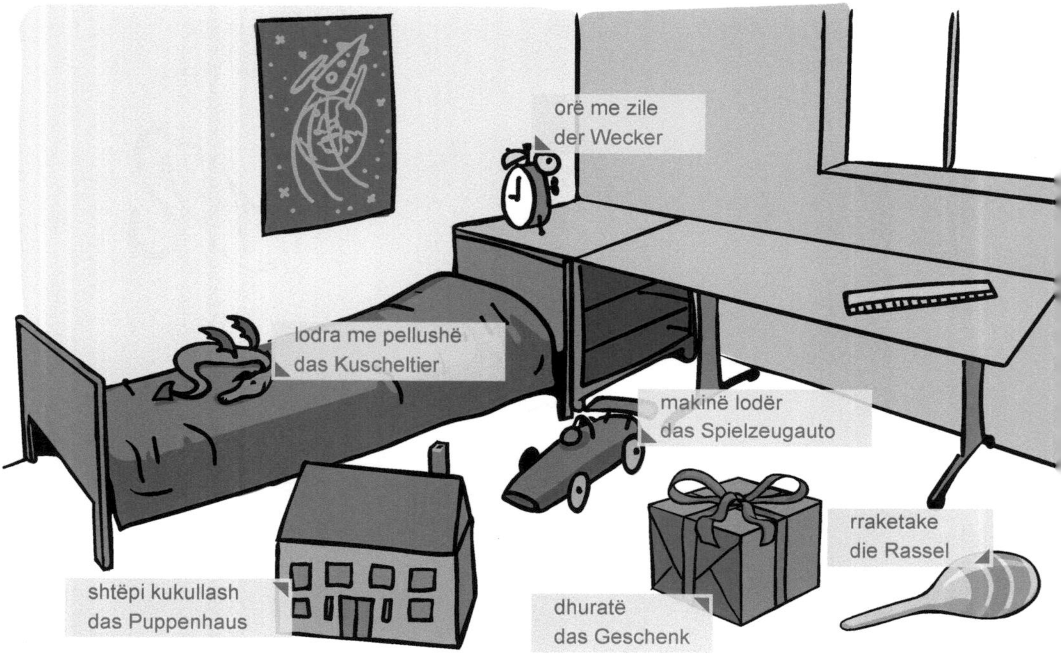

orë me zile
der Wecker
lodra me pellushë
das Kuscheltier
makinë lodër
das Spielzeugauto
rraketake
die Rassel
shtëpi kukullash
das Puppenhaus
dhuratë
das Geschenk

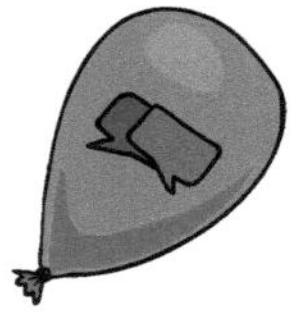

tollumbace

der Ballon

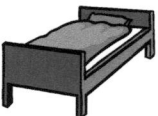

krevat

das Bett

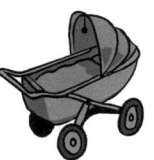

karrocë fëmijësh

der Kinderwagen

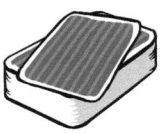

lojë me letra

das Kartenspiel

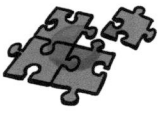

bashkim pjesësh me figura

das Puzzle

SUPER
MEGA

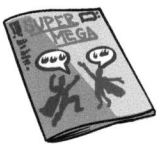

komik

der Comic

formuese lodër

die Legosteine

kuba plastikë

die Bausteine

lodra

die Action Figur

badi

der Strampelanzug

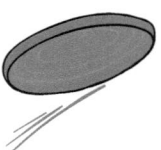

frizbi

das Frisbee

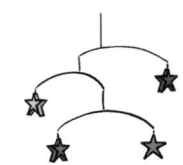

lodra të varura tek krevati i fëmijëve

das Mobile

tavolinë lojërash

das Brettspiel

zare

der Würfel

model treni

die Modelleisenbahn

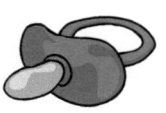

biberon

der Schnuller

festë

die Party

libër me ilustrime

das Bilderbuch

top

der Ball

kukull

die Puppe

luaj

spielen

grumbull rëre

der Sandkasten

kolovarëse

die Schaukel

lodra

das Spielzeug

leva për lojra video

die Spielkonsole

triçikël

das Dreirad

arush prej pellushi

der Teddy

garderobë

der Kleiderschrank

veshje
die Kleidung

çorape

die Socken

çorape të gjata

die Strümpfe

geta

die Strumpfhose

shall
der Schal

çadër
der Regenschirm

rrip
der Gürtel

bluzë pa jakë
das T-Shirt

çizme
der Stiefel

pantofla
die Hausschuhe

atlete
die Turnschuhe

sandale
die Sandalen

këpucë
die Schuhe

çizme llastiku
die Gummistiefel

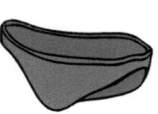

të mbathura
die Unterhose

reçipeta
der Büstenhalter

kanotierë
das Unterhemd

veshje - die Kleidung

trup

der Body

pantallona

die Hose

xhinse

die Jeans

fund

der Rock

bluzë

die Bluse

këmishë

das Hemd

pulovër

der Pullover

triko

der Kapuzenpullover

xhaketë

der Blazer

xhaketë

die Jacke

pallto

der Mantel

mushama shiu

der Regenmantel

kostum

das Kostüm

fustan

das Kleid

fustan nusërie

das Hochzeitskleid

kostum

der Anzug

këmishë nate

das Nachthemd

pizhama

der Schlafanzug

sari (veshje tradicionale indiane)

der Sari

shami koke

das Kopftuch

çallmë

der Turban

veshje për femrat e besimit musliman

die Burka

kaftan (lloj veshjeje tradicionale)

der Kaftan

ferexhe

die Abaya

kostum banje

der Badeanzug

rroba banje

die Badehose

pantallona të shkurtra

die kurze Hose

tuta sporti

der Trainingsanzug

përparëse

die Schürze

dorashka

die Handschuhe

kopsë

der Knopf

syze

die Brille

byzylyk

das Armband

gjerdan

die Halskette

unazë

der Ring

vath

der Ohrring

kapuç

die Mütze

varëse për pallto

der Kleiderbügel

kapele

der Hut

kravatë

die Krawatte

zinxhir

der Reißverschluss

helmetë

der Helm

tiranda

der Hosenträger

uniformë shkolle

die Schuluniform

uniformë

die Uniform

veshje - die Kleidung

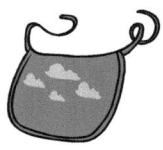

gushore

das Lätzchen

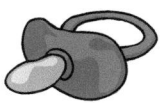

biberon

der Schnuller

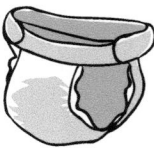

pelenë

die Windel

zyrë

das Büro

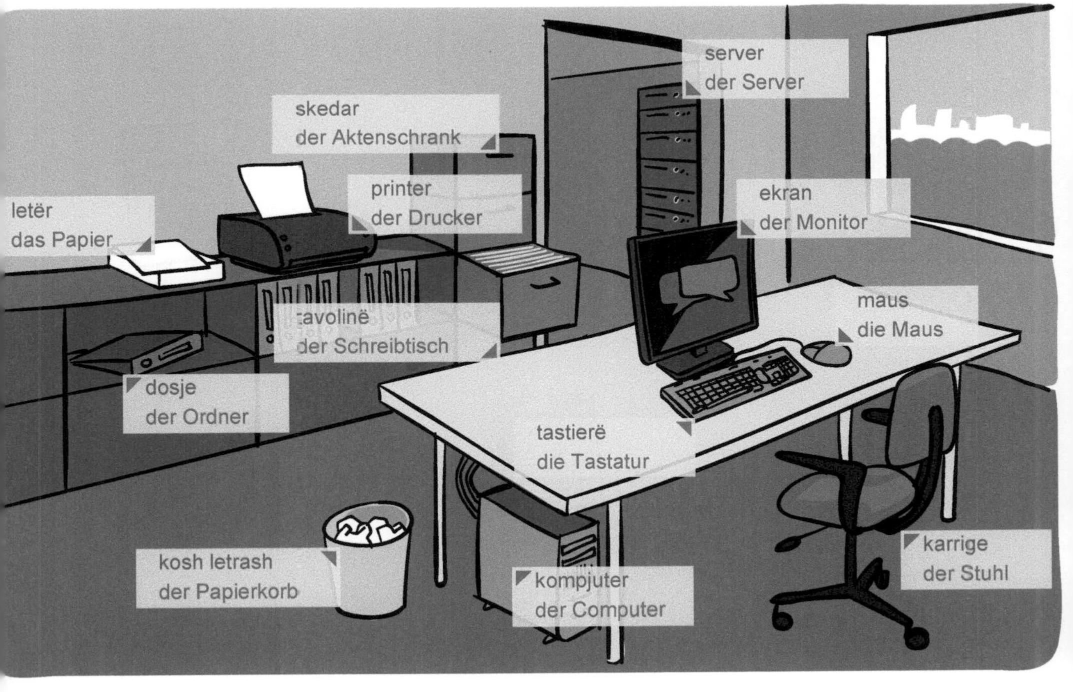
server
der Server
skedar
der Aktenschrank
printer
der Drucker
letër
das Papier
ekran
der Monitor
maus
die Maus
tavolinë
der Schreibtisch
dosje
der Ordner
tastierë
die Tastatur
kosh letrash
der Papierkorb
kompjuter
der Computer
karrige
der Stuhl

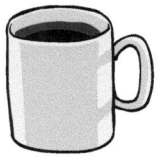

filxhan kafeje

der Kaffeebecher

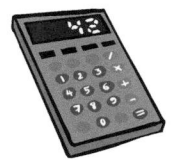

makinë llogaritëse

der Taschenrechner

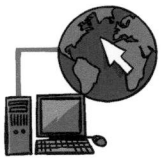

internet

das Internet

kompjuter portativ

der Laptop

letër

der Brief

mesazh

die Nachricht

telefon

das Handy

rrjet

das Netzwerk

fotokopje

der Kopierer

program

die Software

telefon

das Telefon

prizë

die Steckdose

pajisje faksi

das Fax

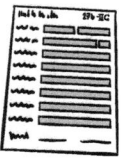

formular

das Formular

dokument

das Dokument

blej
kaufen

paguaj
bezahlen

tregtoj
handeln

para
das Geld

dollar
der Dollar

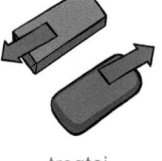

euro
der Euro

jen
der Yen

rubla
der Rubel

franga zvicerane
der Franken

juani kinez
der Renminbi Yuan

rupje
die Rupie

bankomat
der Geldautomat

pikë këmbimi valutor

die Wechselstube

ar

das Gold

argjend

das Silber

nafta

das Öl

energji

die Energie

çmim

der Preis

kontratë

der Vertrag

taksë

die Steuer

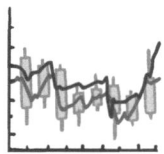

aksione

die Aktie

punoj

arbeiten

punonjës

der Angestellte

punëdhënës

der Arbeitgeber

fabrikë

die Fabrik

dyqan

das Geschäft

profesionet
die Berufe

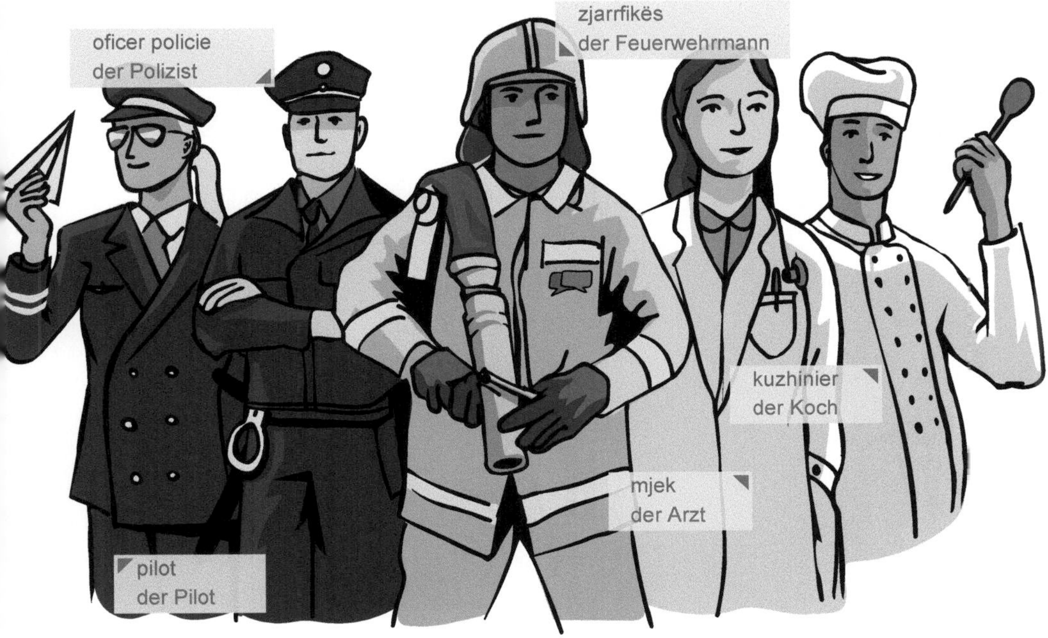

oficer policie
der Polizist
zjarrfikës
der Feuerwehrmann
kuzhinier
der Koch
mjek
der Arzt
pilot
der Pilot

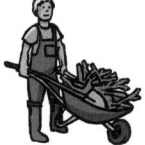

kopshtar

der Gärtner

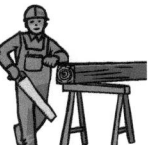

marangoz

der Tischler

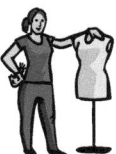

rrobaqepëse

die Näherin

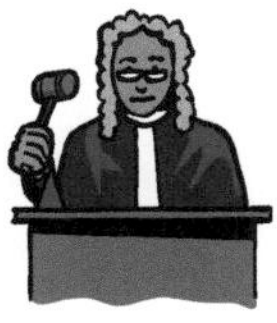

gjykatës

der Richter

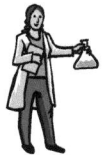

kimist

der Chemiker

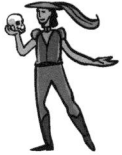

aktor

der Schauspieler

shofer autobuzi

der Busfahrer

taksist

der Taxifahrer

peshkatar

der Fischer

pastruese

die Putzfrau

riparues çatish

der Dachdecker

kamarier

der Kellner

gjuetar

der Jäger

piktor

der Maler

furrxhi

der Bäcker

elektriçist

der Elektriker

ndërtues

der Bauarbeiter

inxhinier

der Ingenieur

kasap

der Schlachter

hidraulik

der Klempner

postieri

der Postbote

ushtar

der Soldat

arkitekt

der Architekt

arkëtar

der Kassierer

luleshitës

der Florist

berber

der Friseur

kontrollor

der Schaffner

mekanik

der Mechaniker

kapiten

der Kapitän

dentist

der Zahnarzt

shkencëtar

der Wissenschaftler

rabin

der Rabbi

imam

der Imam

murg

der Mönch

klerik

der Geistliche

profesionet - die Berufe

mjete
die Werkzeuge

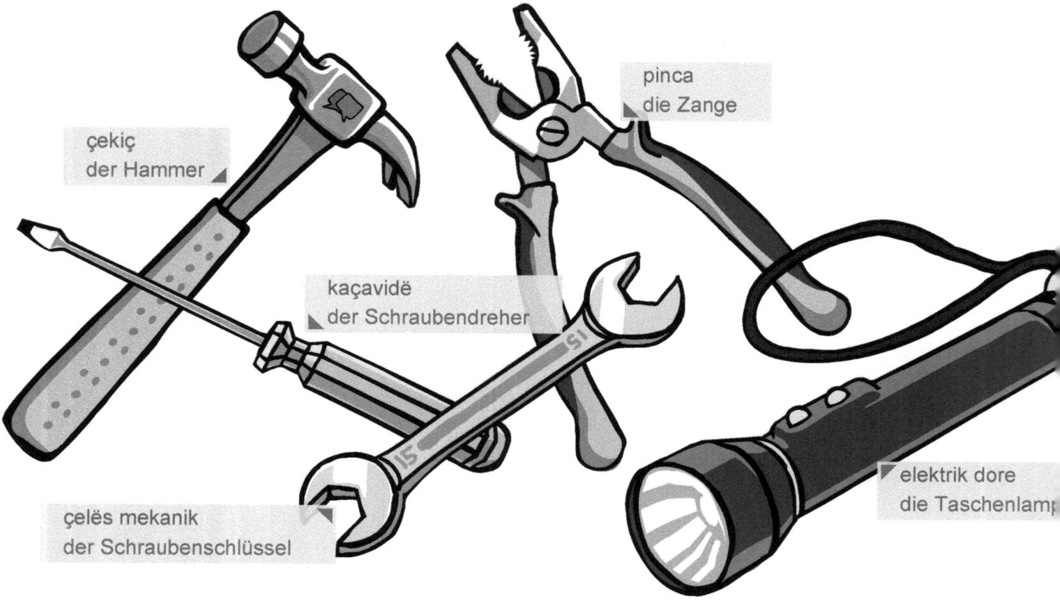
pinca
die Zange
çekiç
der Hammer
kaçavidë
der Schraubendreher
elektrik dore
die Taschenlamp
çelës mekanik
der Schraubenschlüssel

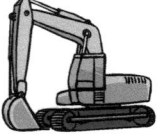

ekskavator

der Bagger

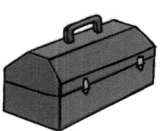

kuti veglash

der Werkzeugkasten

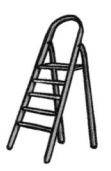

shkallë

die Leiter

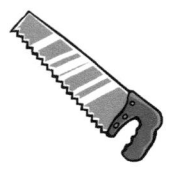

sharrë

die Säge

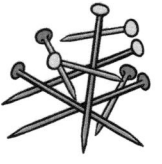

gozhdë

die Nägel

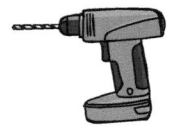

trapan

der Bohrer

riparoj
....
reparieren

lopatë
....
die Schaufel

Dreq!
....
Mist!

kaci
....
das Kehrblech

kuti boje
....
der Farbtopf

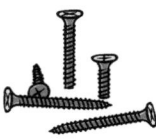

vidhë
....
die Schrauben

instrumenta muzikorë
die Musikinstrumente

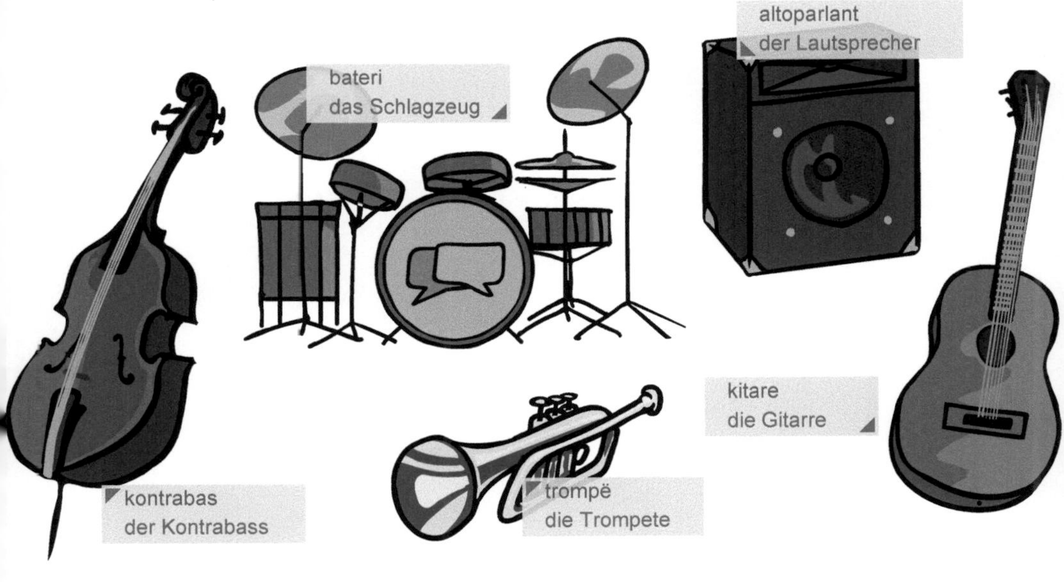

altoparlant
der Lautsprecher

bateri
das Schlagzeug

kitare
die Gitarre

kontrabas
der Kontrabass

trompë
die Trompete

piano

das Klavier

violinë

die Violine

bas

der Bass

tamburë

die Pauke

daulle

die Trommeln

tastierë pianoje

das Keyboard

saksofon

das Saxophon

flaut

die Flöte

mikrofon

das Mikrofon

kopsht zoologjik

der Zoo

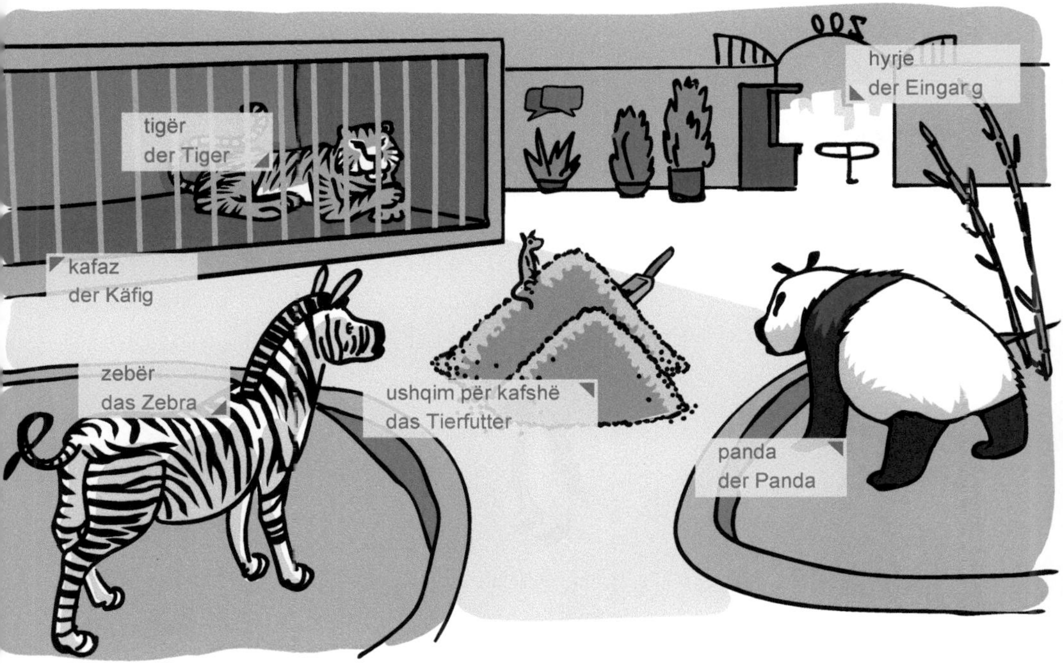
hyrje
der Eingang
tigër
der Tiger
kafaz
der Käfig
zebër
das Zebra
ushqim për kafshë
das Tierfutter
panda
der Panda

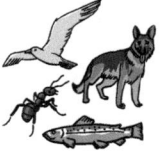

kafshë

die Tiere

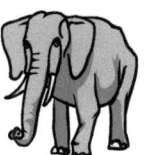

elefant

der Elefant

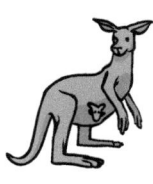

kangur

das Känguruh

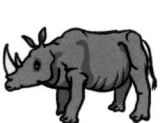

rinoceront

das Nashorn

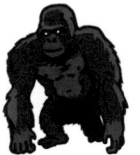

gorillë

der Gorilla

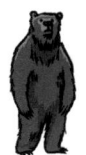

ari

der Bär

deve

das Kamel

struc

der Strauß

luan

der Löwe

majmun

der Affe

flamingo

der Flamingo

papagall

der Papagei

ari polar

der Eisbär

pinguin

der Pinguin

peshkaqen

der Hai

pallua

der Pfau

gjarpër

die Schlange

krokodil

das Krokodil

punonjës i kopshtit zoologjik

der Zoowärter

fokë

die Robbe

xhaguar

der Jaguar

poni

das Pony

leopard

der Leopard

hipopotam

das Nilpferd

gjirafë

die Giraffe

shqiponjë

der Adler

derr i egër

das Wildschwein

peshk

der Fisch

breshkë

die Schildkröte

lopë deti

das Walross

dhelpër

der Fuchs

gazelë

die Gazelle

kopsht zoologjik - der Zoo

61

sportet
der Sport

futboll amerikan
das American Football

çiklizëm
das Radfahren

tenis
das Tennis

basketboll
der Basketball

not
das Schwimmen

boks
das Boxen

hokej mbi akull
das Eishockey

futboll
....
der Fußball

badminton
....
das Badminton

atletikë
....
die Leichtathletik

hendboll
....
der Handball

ski
....
das Skilaufen

polo
....
das Polo

aktivitet

die Aktivitäten

qesh
lachen
hidhem
springen
përqafoj
umarmen
eci
gehen
këndoj
singen
ëndërrcj
träumen
lutem
beten
puth
küssen

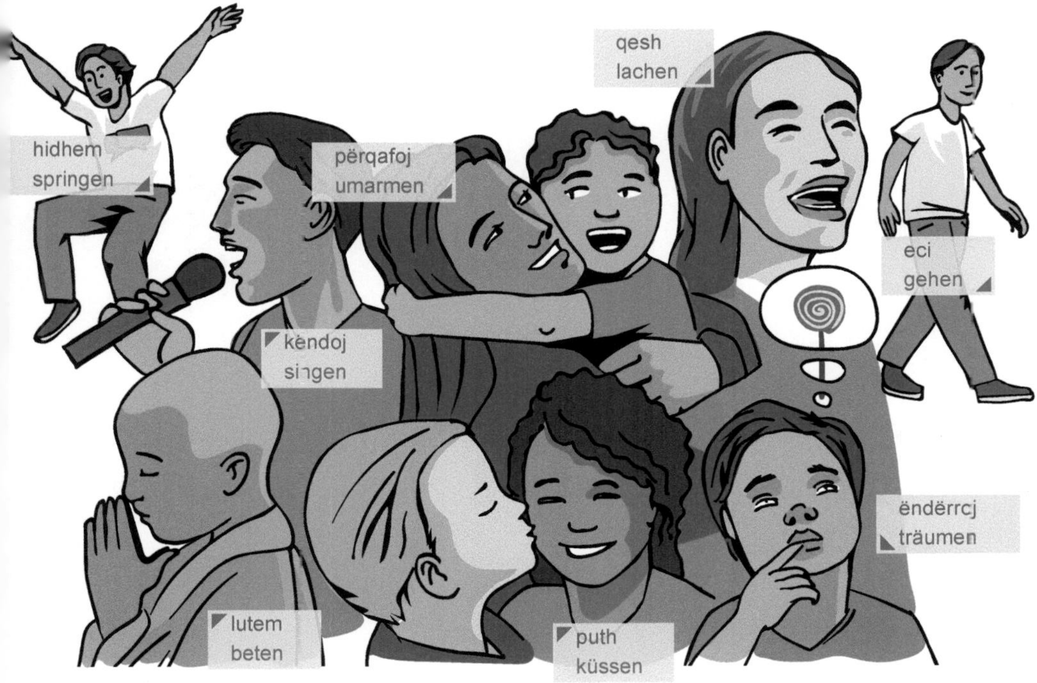

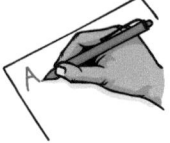

shkruaj

schreiben

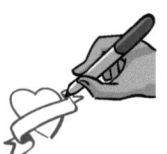

vizatoj

zeichnen

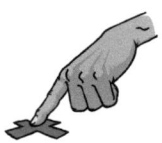

tregoj

zeigen

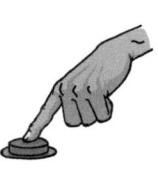

shtyj

drücken

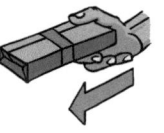

jap

geben

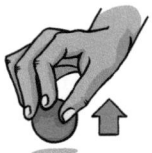

marr

nehmen

kam

haben

bëj

tun

jam

sein

qëndroj

stehen

vrapoj

laufen

tërheq

ziehen

hedh

werfen

bie

fallen

shtrihem

liegen

pres

warten

mbaj

tragen

ulem

sitzen

vishem

anziehen

fle

schlafen

zgjohem

aufwachen

shikoj

ansehen

qaj

weinen

përkëdhel

streicheln

kreh

kämmen

bisedoj

reden

kuptoj

verstehen

kërkoj

fragen

dëgjoj

hören

pi

trinken

ha

essen

sistemoj

aufräumen

dashuroj

lieben

gatuaj

kochen

drejtoj makinën

fahren

fluturoj

fliegen

lundroj
segeln

llogaris
rechnen

lexoj
lesen

mësoj
lernen

punoj
arbeiten

martohem
heiraten

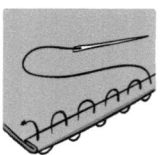

qep
nähen

laj dhëmbët
Zähne putzen

vras
töten

tymos
rauchen

dërgoj
senden

aktivitet - die Aktivitäten

familje

die Familie

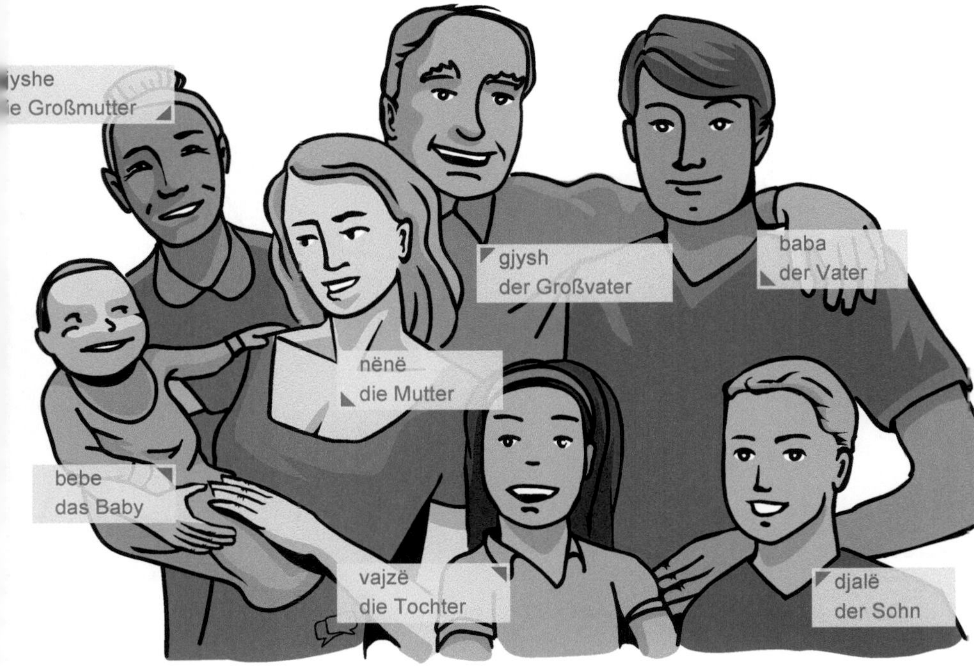

yshe
e Großmutter
gjysh
der Großvater
baba
der Vater
nënë
die Mutter
bebe
das Baby
vajzë
die Tochter
djalë
der Sohn

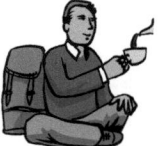

mysafir

der Gast

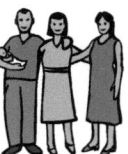

teze, hallë

die Tante

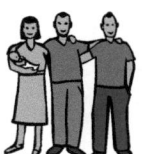

dajë, xhaxha

der Onkel

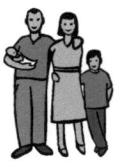

vëlla

der Bruder

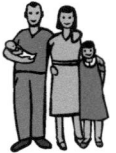

motër

die Schwester

trupi

der Körper

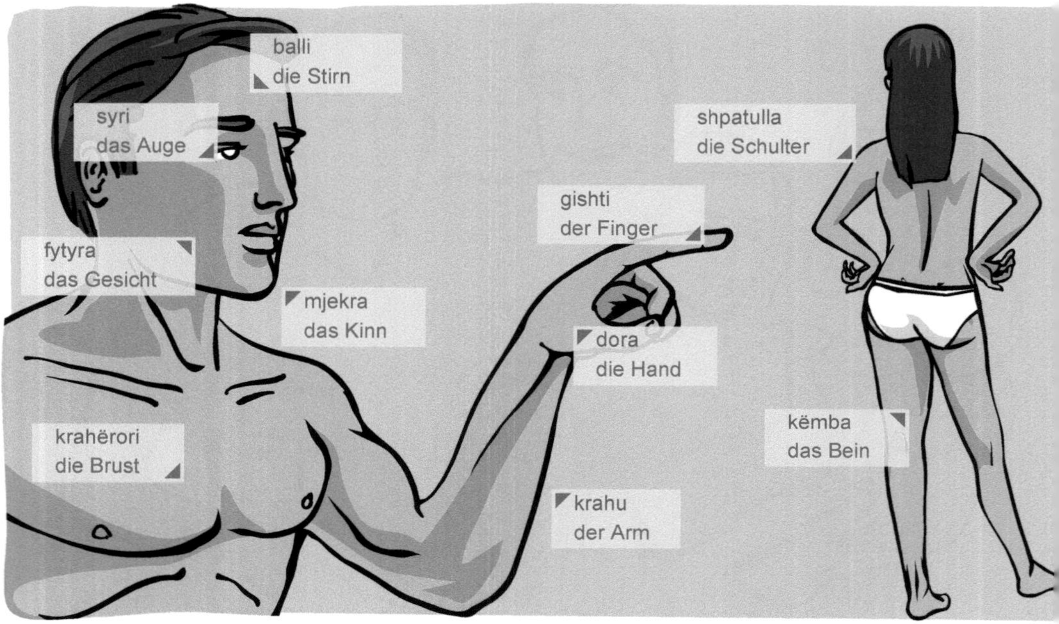

balli
die Stirn
syri
das Auge
shpatulla
die Schulter
gishti
der Finger
fytyra
das Gesicht
mjekra
das Kinn
dora
die Hand
këmba
das Bein
krahërori
die Brust
krahu
der Arm

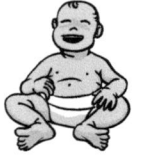

bebe

das Baby

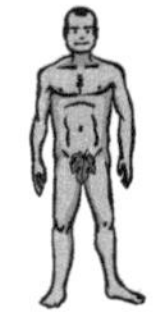

burrë

der Mann

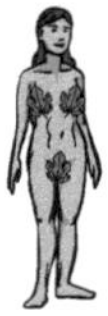

grua

die Frau

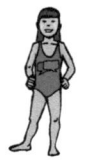

vajzë

das Mädchen

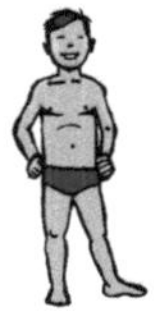

djalë

der Junge

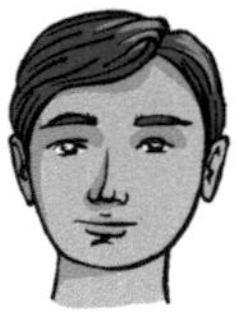

koka

der Kopf

shpina

der Rücken

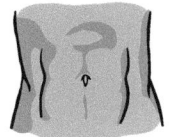

barku

der Bauch

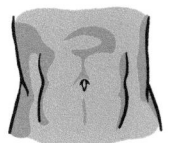

kërthiza

der Nabel

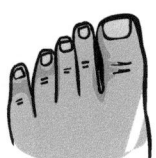

gisht këmbe

der Zeh

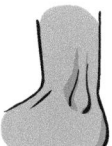

Thembra

die Ferse

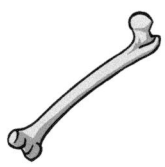

kockë

der Knochen

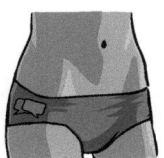

legeni

die Hüfte

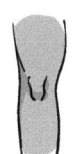

gjuri

das Knie

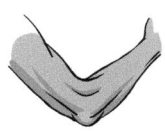

bërryli

der Ellenbogen

hunda

die Nase

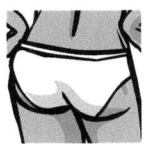

vithe

das Gesäß

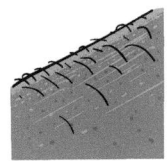

lëkura

die Haut

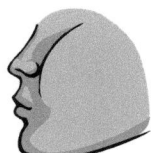

faqja

die Wange

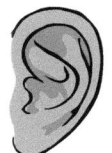

veshi

das Ohr

buza

die Lippe

goja

der Mund

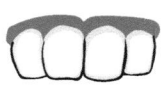

dhëmbët

der Zahn

gjuha

die Zunge

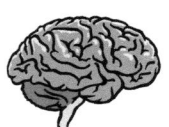

truri

das Gehirn

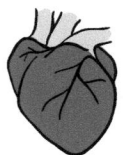

zemra

das Herz

muskul

der Muskel

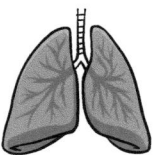

mushkëria

die Lunge

mëlçia

die Leber

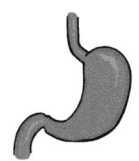

stomaku

der Magen

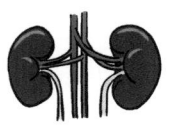

veshka

die Nieren

seks

der Geschlechtsverkehr

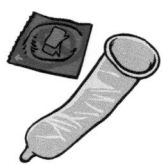

prezervativ

das Kondom

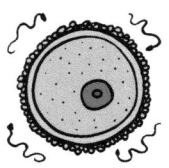

veza

die Eizelle

sperma

das Sperma

shtatëzani

die Schwangerschaft

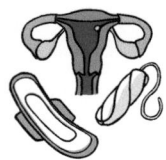

menstruacione

die Menstruation

vagina

die Vagina

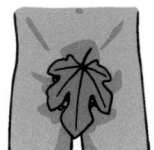

penis

der Penis

vetulla

die Augenbraue

flokët

das Haar

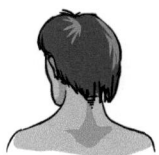

qafa

der Hals

spital

das Krankenhaus

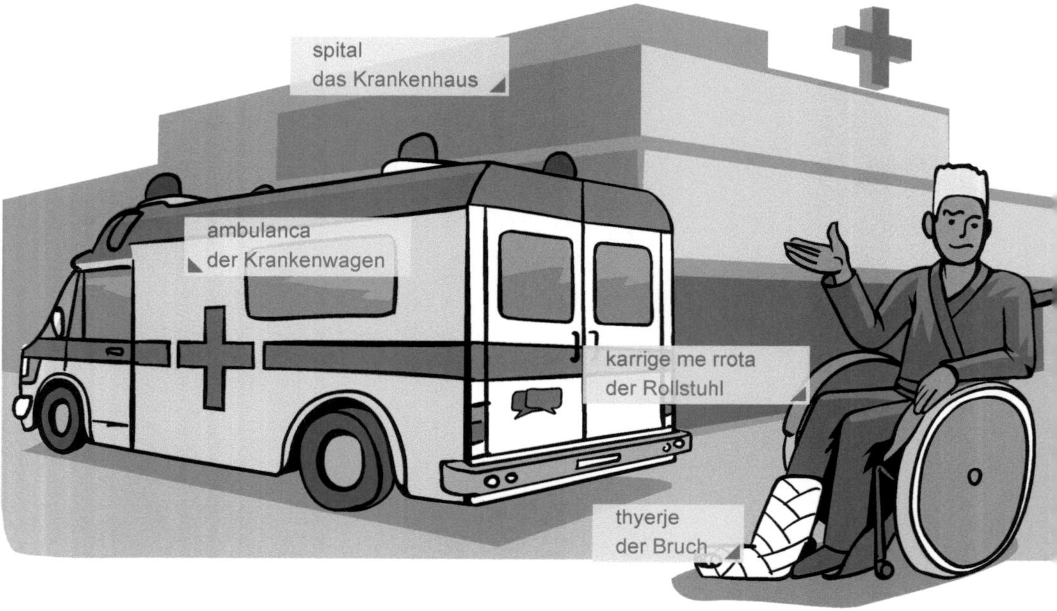

spital
das Krankenhaus
ambulanca
der Krankenwagen
karrige me rrota
der Rollstuhl
thyerje
der Bruch

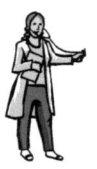

mjek

der Arzt

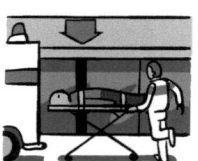

sallë urgjencash

die Notaufnahme

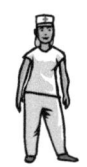

infermiere

die Krankenschwester

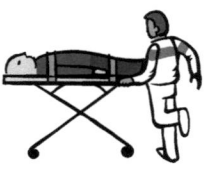

emergjencë

der Notfall

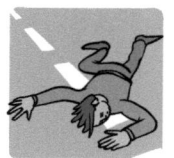

i pandërgjegjshëm

ohnmächtig

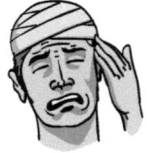

dhimbje

der Schmerz

dëmtim

die Verletzung

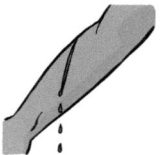

gjakosje

die Blutung

infarkt

der Herzinfarkt

goditje

der Schlaganfall

alergji

die Allergie

kolla

der Husten

ethe

das Fieber

grip

die Grippe

diarre

der Durchfall

dhimbje koke

die Kopfschmerzen

kancer

der Krebs

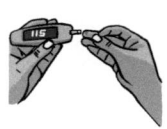

diabet

die Diabetis

kirurg

der Chirurg

bisturi

das Skalpell

operacion

die Operation

spital - das Krankenhaus

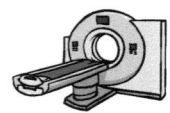

CT (skaner)

das CT

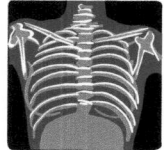

radiografi

das Röntgen

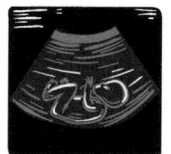

ultratingull

das Ultraschall

maskë fytyre

die Maske

sëmundje

die Krankheit

dhomë pritjeje

das Wartezimmer

paterica

die Krücke

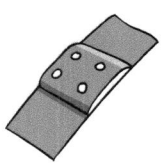

leukoplast

das Pflaster

fasho

der Verband

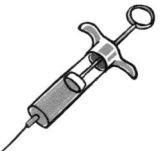

injeksion

die Injektion

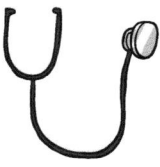

stetoskop

das Stethoskop

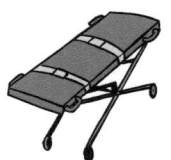

barelë

die Trage

termometër

das Thermometer

lindje

die Geburt

mbipeshë

das Übergewicht

spital - das Krankenhaus

aparat dëgjimi

das Hörgerät

dezinfektant

das Desinfektionsmittel

infeksion

die Infektion

virus

das Virus

HIV / AIDS

das HIV / AIDS

mjekësi, mjekim

die Medizin

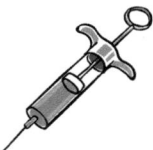

vaksinim

die Impfung

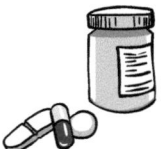

tableta

die Tabletten

pilulë

die Pille

telefonatë emergjence

der Notruf

aparat tensioni

das Blutdruck-Messgerät

i sëmurë / i shëndetshëm

krank / gesund

Ndihmë!

Hilfe!

alarm

der Alarm

sulm

der Überfall

atak

der Angriff

rrezik

die Gefahr

dalje emergjence

der Notausgang

Zjarr!

Feuer!

fikëse zjarri

der Feuerlöscher

aksident

der Unfall

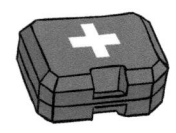

kuti e ndimës së shpejtë

der Erste-Hilfe-Koffer

SOS

SOS

policia

die Polizei

Europa

das Europa

Amerika e Veriut

das Nordamerika

Amerika e Jugut

das Südamerika

Afrika

das Afrika

Azia

das Asien

Australia

das Australien

Atlantiku

der Atlantik

Paqësori

der Pazifik

Oqeani Indian

der Indische Ozean

Oqeani Antarktik

der Antarktische Ozean

Oqeani Arktik

der Arktische Ozean

Poli i veriut

der Nordpol

Poli i Jugut

der Südpol

Antarktida

die Antarktis

toka

die Erde

tokë

das Land

det

das Meer

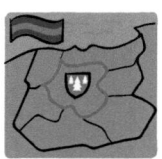

ishull

die Insel

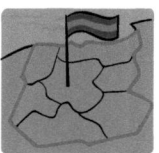

komb

die Nation

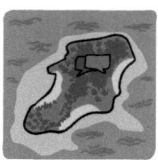

shtet

der Staat

fusha e orës

das Zifferblatt

akrepi i orës

der Stundenzeiger

akrepi i minutave

der Minutenzeiger

akrepi i sekondave

der Sekundenzeiger

Sa është ora?

Wie spät ist es?

ditë

der Tag

kohë

die Zeit

tani

jetzt

orë dixhitale

die Digitaluhr

minutë

die Minute

orë

die Stunde

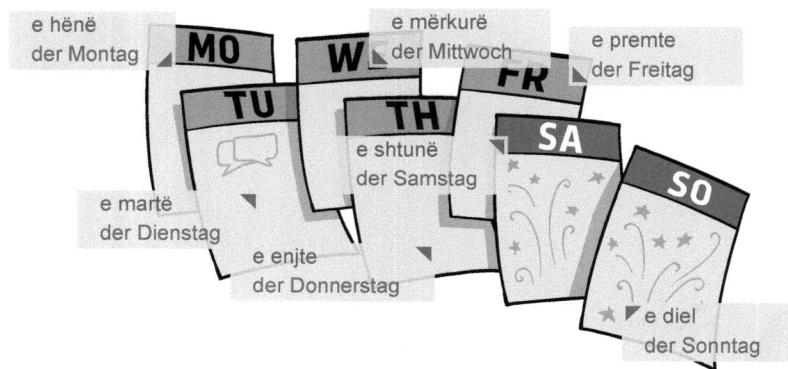

e hënë
der Montag

e mërkurë
der Mittwoch

e premte
der Freitag

e martë
der Dienstag

e shtunë
der Samstag

e enjte
der Donnerstag

e diel
der Sonntag

dje
gestern

sot
heute

nesër
morgen

mëngjes
der Morgen

mesditë
der Mittag

mbrëmje
der Abend

ditë pune
die Arbeitstage

fundjavë
das Wochenende

vit
das Jahr

ylber
der Regenbogen
shi
der Regen
borë
der Schnee
erë
der Wind
pranverë
der Frühling
vjeshtë
der Herbst
verë
der Sommer
dimër
der Winter

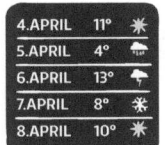

4.APRIL 11°
5.APRIL 4°
6.APRIL 13°
7.APRIL 8°
8.APRIL 10°

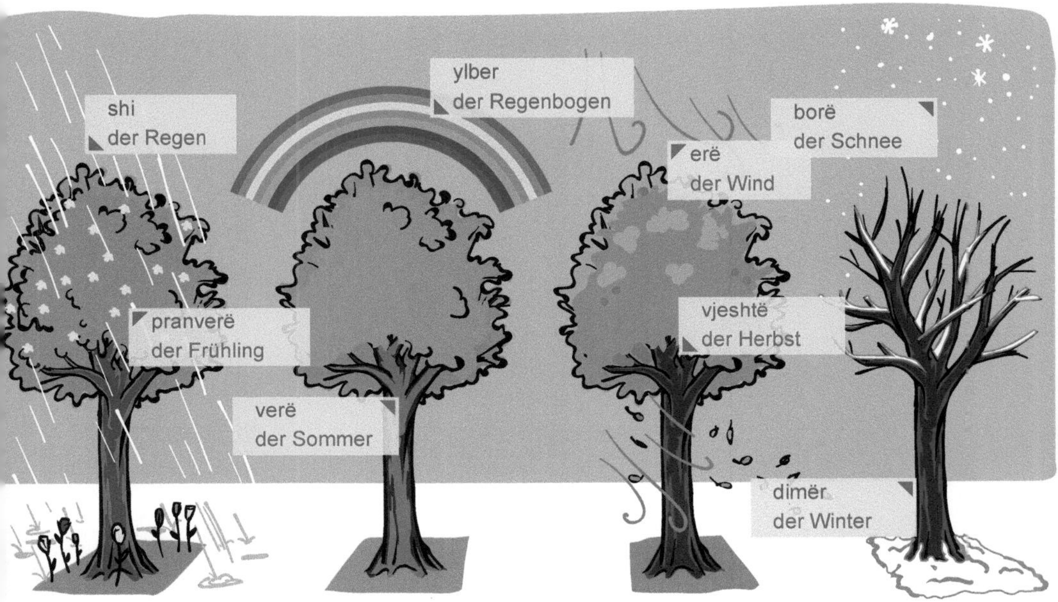

parashikimi i motit

die Wettervorhersage

F C
120 40
90 30
60 20
30 10
0 0
-30 -10
-20

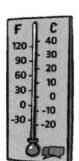

termometër

das Thermometer

ndriçim dielli

der Sonnenschein

re

die Wolke

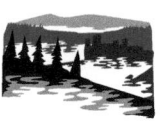

mjegull

der Nebel

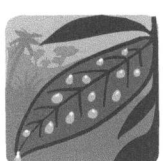

lagështi

die Luftfeuchtigkeit

vetëtima

der Blitz

gjëmim

der Donner

stuhi

der Sturm

breshër

der Hagel

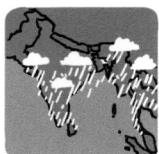

muson

der Monsun

përmbytje

die Flut

akull

das Eis

janar

der Januar

shkurt

der Februar

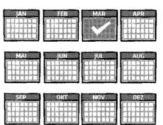

mars

der März

prill

der April

maj

der Mai

qershor

der Juni

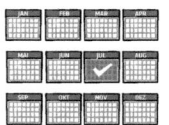

korrik

der Juli

gusht

der August

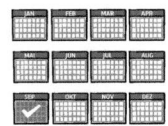

shtator

der September

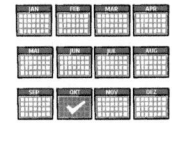

tetor

der Oktober

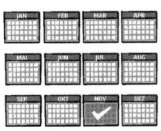

nëntor

der November

dhjetor

der Dezember

forma
die Formen

rreth

der Kreis

katror

das Quadrat

drejtkëndësh

das Rechteck

trekëndësh

das Dreieck

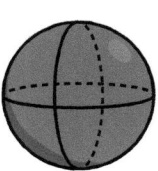

sferë

die Kugel

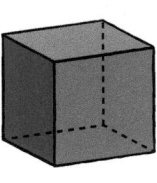

kub

der Würfel

e bardhë

weiß

e verdhë

gelb

portokalli

orange

rozë

pink

e kuqe

rot

vjollcë

lila

blu

blau

e gjelbër

grün

kafe

braun

gri

grau

e zezë

schwarz

shumë / pak

viel / wenig

i nevrikosur / i qetë

wütend / friedlich

i bukur / i shëmtuar

hübsch / hässlich

fillim / fund

der Anfang / das Ende

i madh / i vogël

groß / klein

i ndritshëm / i errët

hell / dunkel

vëlla / motër

der Bruder / die Schwester

e pastër / e pistë

sauber / schmutzig

e plotë / jo e plotë

vollständig / unvollständig

ditë / natë

der Tag / die Nacht

gjallë / vdekur

tot / lebendig

i gjerë / i ngushtë

breit / schmal

i ngrënshëm / i pangrënshëm
genießbar / ungenießbar

i keq / i këndshëm
böse / freundlich

i lumtur / i mërzitur
aufgeregt / gelangweilt

i shëndoshë / i dobët
dick / dünn

e para / e fundit
zuerst / zuletzt

mik / armik
der Freund / der Feind

plot / bosh
voll / leer

e fortë / e butë
hart / weich

e rëndë / e lehtë
schwer / leicht

uri / etje
der Hunger / der Durst

i sëmurë / i shëndetshëm
krank / gesund

e paligjshme / e ligjshme
illegal / legal

i zgjuar / budalla
intelligent / dumm

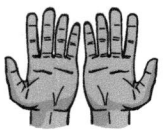

majtas / djathtas
links / rechts

afër / larg
nah / fern

e re / e përdorur

neu / gebraucht

asgjë / diçka

nichts / etwas

i moshuar / i ri

alt / jung

ndezur / fikur

an / aus

hapur / mbyllur

offen / geschlossen

i qetë / i zhurmshëm

leise / laut

i pasur / i varfër

reich / arm

e drejtë / e gabuar

richtig / falsch

i ashpër / i butë

rau / glatt

i mërzitur / i lumtur

traurig / glücklich

i shkurtër / i gjatë

kurz / lang

ngadalë / shpejt

langsam / schnell

i lagësht / i thatë

nass / trocken

ngrohtë / freskët

warm / kühl

luftë / paqe

der Krieg / der Frieden

0

zero

null

1

një

eins

2

dy

zwei

3

tre

drei

4

katër

vier

5

pesë

fünf

6

gjashtë

sechs

7

shtatë

sieben

8

tetë

acht

9

nentë

neun

10

dhjetë

zehn

11

njëmbëdhjetë

elf

12

dymbëdhjetë

zwölf

13

trembëdhjetë

dreizehn

14

katërmbëdhjetë

vierzehn

15

pesëmbëdhjetë

fünfzehn

16

gjashtëmbëdhjetë

sechzehn

17

shtatëmbëdhjetë

siebzehn

18

tetëmbëdhjetë

achtzehn

19

nentëmbëdhjetë

neunzehn

20

njëzetë

zwanzig

100

qind

hundert

1.000

mijë

tausend

1.000.000

milion

million

anglisht

Englisch

anglishte amerikane

Amerikanisches Englisch

kinezisht mandarin

Chinesisch Mandarin

hindi

Hindi

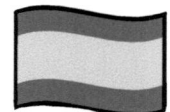

spanjisht

Spanisch

frëngjisht

Französisch

arabisht

Arabisch

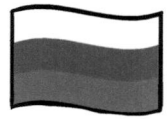

rusisht

Russisch

portugalisht

Portugiesisch

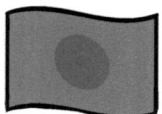

bengalisht

Bengalisch

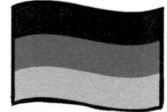

gjermanisht

Deutsch

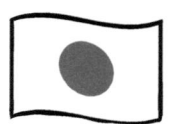

japonisht

Japanisch

unë
ich

ti
du

ai / ajo
er / sie / es

ne
wir

ju
ihr

ata
sie

kush?
wer?

çfarë?
was?

si?
wie?

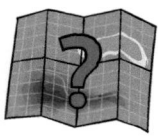

ku?
wo?

kur?
wann?

emër
Name

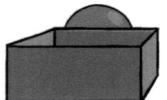

pas
....
hinter

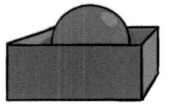

në
....
in

përballë
....
vor

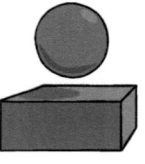

sipër
....
über

mbi
....
auf

poshtë
....
unter

pranë
....
neben

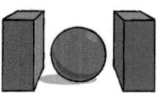

midis
....
zwischen

vend
....
der Ort